BEI GRIN MACHT SICH IHR WISSEN BEZAHLT

- Wir veröffentlichen Ihre Hausarbeit,
  Bachelor- und Masterarbeit

- Ihr eigenes eBook und Buch -
  weltweit in allen wichtigen Shops

- Verdienen Sie an jedem Verkauf

Jetzt bei www.GRIN.com hochladen
und kostenlos publizieren

Simon Winzer

Die Aktualität von Gegenwartsliteratur in der heutigen Zeit am Beispiel von Koeppens Tauben im Gras

Erörterung im Anschluss an eine eingeschränkte Sachtextanalyse

GRIN Verlag

Bibliografische Information der Deutschen Nationalbibliothek:

Die Deutsche Bibliothek verzeichnet diese Publikation in der Deutschen National-
bibliografie; detaillierte bibliografische Daten sind im Internet über http://dnb.d-
nb.de/ abrufbar.

Impressum:

Copyright © 2012 GRIN Verlag GmbH
Druck und Bindung: Books on Demand GmbH, Norderstedt Germany
ISBN: 978-3-656-22460-0

Dieses Buch bei GRIN:

http://www.grin.com/de/e-book/196412/die-aktualitaet-von-gegenwartsliteratur-
in-der-heutigen-zeit-am-beispiel

GRIN - Your knowledge has value

Der GRIN Verlag publiziert seit 1998 wissenschaftliche Arbeiten von Studenten, Hochschullehrern und anderen Akademikern als eBook und gedrucktes Buch. Die Verlagswebsite www.grin.com ist die ideale Plattform zur Veröffentlichung von Hausarbeiten, Abschlussarbeiten, wissenschaftlichen Aufsätzen, Dissertationen und Fachbüchern.

Besuchen Sie uns im Internet:

http://www.grin.com/

http://www.facebook.com/grincom

http://www.twitter.com/grin_com

Einleitung

Diese Arbeit behandelt die Aktualität von der Gegenwartsliteratur Wolfgang Koeppens. Zunächst kommt es zu einer eingeschränkten Sachtextanalyse aus einem Auszug des Literarhistorischen Jochen Vogt, der die Werke Koeppens beurteilt und auf deren Aktualität eingeht. Im Anschluss daran kommt es zu der Erörterung der Frage, wie aktuell Koeppen wirklich ist, am Beispiel seines Romans „Tauben im Gras", das streng genommen eine Trilogie mit den Werken „Das Treibhaus" und „Der Tod in Rom" bildet.

Auch wird sie aufzeigen, dass Gegenwartsliteratur noch heute, auch wenn auf einem anderen Medium, immer noch aktuell und modern ist.

Die Frage nach der Aktualität von Koeppens „Tauben im Gras"

Der Aufsatz und Sachtext „Modelle nonkonformistischen Erzählens – Wolfgang Koeppens Romane" von Jochen Vogt, erschienen 1986 beim „Carl Hanser Verlag" in München, handelt von einer Kritik zu Wolfgang Koeppens Roman „Tauben im Gras", beinhaltet aber auch einen Vergleich des Werkes zu den Schriftstücken anderer Autoren.

In seinem Aufsatz stellt Vogt die Hypothese auf, dass „Tauben im Gras" zwar ein sehr guter Roman ist, der modern und den Schriften der Künstler seiner Zeit weit voraus gewesen ist, das Buch sich in der damaligen Zeit aber keiner großen Beliebtheit erfreut habe und oft zu Unrecht kritisiert worden sei.

Der Sachtext Vogts lässt sich in vier Sinnabschnitte einteilen:

1. Einleitung und (positive) Kritik des Romans (Z. 1-29)
2. Die Personengruppen des Romans und ihre Bedeutungen (Z. 30-50)
3. Die Technik und der Schreibstil des Romans (Z. 51 – 63)

4. Die Meinung in der Öffentlichkeit (Z. 64-77)

Zu Beginn des ersten Abschnitts leitet Vogt seinen Text ein. Hier erwähnt der Verfasser, Koeppen habe 1934 und 1935 bereits zwei kaum beachtete Romane geschrieben, die größtenteils unbekannt gewesen seien, bevor es zwischen 1951 und 1954 zu der Veröffentlichung seiner bekanntesten drei Werke (darunter auch „Tauben im Gras") gekommen sei.

Im weiteren Verlauf des ersten Sinnabschnittes rezensiert Jochen Vogt die Arbeit Koeppens. Der Kritiker lobt die Werke, da sich „Tauben im Gras" zum Beispiel mit den „Fall des eisernen Vorhanges", aber auch noch mit dem Verbleibt des Faschismus auseinandersetze und Koeppen sich im Gegensatz zu anderen Schriftstellern nicht um die Distanz zu den Erlebnissen des Zweiten Weltkrieges bemühe.

„Die Nachkriegsjahre, Wiederaufschwung und Wohlleben versprechend [...]" (Z. 12 f.).

Mit dieser Aufzählung drückt Vogt lobend aus, auf was für eine Vielzahl an Aspekten Wolfgang Koeppen in seinen Büchern eingeht. Auch ist Vogt über die Interpretationsgabe Koeppens begeistert. So habe dieser die Vorkriegszeit mit Korea durchschaut und den bleibenden Hass gegen andere Völker als Gefahr für die Zukunft gesehen.

Auch findet die Tatsache Erwähnung, dass Koeppen aufgrund seines Alters auch seine Erfahrung aus seinem Leben mit in seine Literatur einbezieht und er aufgrund einer engen Verknüpfung zu damals modernen Schriftstellern stilistisch sehr moderne Werke geschaffen habe. Die Ergebnisse seiner Kritik untermauert Vogt mit einem Zitat von Erhard Schütz am Ende des Absatzes.

Im zweiten Absatz geht Vogt auf die verschiedenen Gruppenarten der Charaktere ein. So sei der Charakter Odysseus Cotton in Verbindung mit einem Roman Joyces entstand, auch wenn es dort anders als bei „Tauben im Gras" weniger als zwanzig Personen gebe, die von der Wichtigkeit her alle gleich, ansonsten aber sehr unterschiedlich seien. Das verdeutlicht Vogt mit einer Aufzählung, in der er die ganzen Personengruppen, von verarmten Großbürgertöchtern bis zu väterlosen Kindern, nennt. In diesem Bezug lobt Vogt die Technik, mit der zwischen den Charakteren gewechselt wird, aber auch das „soziologische Fazit" (Z. 49), das Koeppen durch die Figurenkonstellation entstehen lässt.

Die Technik und den Schreibstil, überwiegend aber die Inszenierung der Personenrede, beschreibt Jochen Vogt im dritten Abschnitt. Mit geschickter Anwendung von Montagetechnik, Zitaten aus der Literatur oder Bewusstseinsstromtechniken, die der Verfasser allesamt aufzählt, schaffe Koeppen es, die Charaktere zu isolieren. Für Vogt ist ein auktorialer Erzähler vorhanden, der den „stream-of-consciousness" verwendet.

Im vierten und letzten Abschnitt befasst sich Jochen Vogt mit der Wirkung des Buches auf die Gesellschaft, die meist ablehnend gewesen sei, teilweise aber auch unberechtigt. Laut Ansicht des Autors sei dies darauf zurückzuführen, dass man „Tauben im Gras" fehlende Moral vorwürft, was im Zusammenhang mit Politik und Triebstruktur stehen könne.

Aus der eingeschränkten Sachtextanalyse lässt sich die Position des Autors [Vogt] erkennen. Dieser vertritt in allen Bereichen eine positive Ansicht über „Tauben im Gras", wenngleich er einräumt, dass das Buch in der Öffentlichkeit kritisiert worden sei, was er allerdings in vielen Bereichen als unbegründet abweist.

Da sich die Sachtextanalyse bereits ausführlich mit der Position des Autors befasst, nehme ich direkt Stellung zu seiner Position, wobei ich mich aspektgeleitet mit der Kritik des Autors befasse und mich anschließend mit der Figurenkonstellation und der Technik beschäftige.

Zunächst beziehe ich mich auf die Kritik des Autors. Diese fällt ausschließlich lobend aus, da Koeppen sich auf aktuelle Ereignisse bezogen und diese zutreffend interpretiert habe. Zudem lobt er die Modernität des Schreibstils, die er mit Baudelaire und Joyce vergleicht.

Die Behauptung des Autors kann ich nur untermauern. Die Aktualität des Textes in der damaligen Zeit, die Vogt so lobt, kann man am besten an der faschistischen

Einstellung ausmachen, die bei den verschiedenen Charakteren herrscht. Frau Behrend ist antisemitisch und verurteilt ihre Tochter Carla, die von einem schwarzen Soldaten aus Amerika schwanger geworden ist und der seinen schwarzen Kameraden in anderen Kasernen untergebracht ist als seine weißen Kollegen von den Vereinigten Staaten. Koeppen diagnostiziert hier die Rassentrennung, die in den USA noch lange herrschen sollte, erkennt aber auch, dass Deutschland Probleme in der Zukunft aufgrund des bleibenden Rechtsextremismusses bekommen würde, was man zehn Jahre nach Erscheinen des Buches mit der Wahl Kiesingers als Bundeskanzler (und der Ohrfeige von Beate Klarsfeld) und den Studentenrevolten, aber auch mit der Gründung der RAF erkennen konnte. Auch das erkennt Vogt, sodass ich ihm nur beipflichten kann.

Und dass seine [Koeppens] Werke modern waren, erkennt man auch heute, denn so verwendet Christoph Buggert in seinem Roman „Deutschlandbesuch" fast die selben Techniken.

Auch von den Figurenkonstellationen und den verwendeten Techniken her ist die Position Vogts nachvollziehbar. So erkennt man in seiner Aufzählung als „verarmte Großbürgertochter" Emilia, im „vaterlosen Halbwüchsigen" Heinz, im „nonkonformistischen Intellektuellen" Philipp oder im „farbigen Besatzungssoldaten" Washington wieder, die durch die Montagetechnik voneinander isoliert werden, wie Vogt zutreffend formuliert, denn in den insgesamt 105 Abschnitten des Romans erkennt man die Zusammenhänge und Beziehungen zwischen den Charakteren erst im späteren Verlauf des Buches, sodass man von einer wirklichen Isolation der Charaktere sprechen kann.

Auch die Behauptung, das Buch sei meist (zu unrecht) abgelehnt worden, lässt sich nur bestätigen.

„[...] und kaum ein nonkonformistischer Erzähler wird in der Folgezeit vom Pornografievorwurf verschont bleiben, wenn er – wie begründet auch immer – seinen Blick auf den Zusammenhang von Politik und Triebstruktur richtet" (Z. 72-77).

Dieser Punkt lässt sich verstehen, wenn man an den Film von Hildegard Knef

denkt, in dem sie einmal kurz nackt dargestellt wurde, was für einen großen
Aufschrei in der Bundesrepublik sorgte. Zudem stammt der Film aus der selben
Zeit wie „Tauben im Gras" - und auch hier gibt es eine obszöne Szene.
„Sie [Emilia] steckte einen Finger in den Mund, umzüngelte ihn, feuchtete ihn an
[...] und ließ ihn in sich eindringen und fiel in die tiefe Betäubung der Lust [...]" (S.
32 oberer Abschnitt).
Solche Szenen standen damals in der Kritik.
So komme ich alles in allem zu dem Entschluss, dass ich der Position des Autors
zustimmen kann, da alle seine Punkte nach Überprüfung mit meinen Gedanken
übereinstimmen.

Nun erörtere ich aspektgeleitet die Frage nach der Aktualität des Romans in der
heutigen Zeit. Hier schaue ich mir unter anderem die Aspekte der Fortexistenz des
Faschismus, den Verfall, aber auch Übereinstimmungen und Unterschieden
zwischen den Charakteren, den Schreibstil und auch ein paar andere Aspekte an.

Beim Aspekt „Fortexistenz des Faschismus" spricht unter anderem für die
Aktualität des Romans in der heutigen Zeit, dass es in Deutschland
national(sozialistische) Parteien wie die NPD oder die Republikaner gibt, es es zum
Teil in die Landtage schaffen (Bremen, Mecklenburg-Vorpommern usw.), da sie
mindestens 5% der Stimmen erhalten. Bei einer Wahlbeteiligung von 50% wären
das knapp 10% der wählenden Bevölkerung in diesen Ländern, die „rechts"
wählen, was nicht gerade ein geringer Anteil ist.
Zudem konnte sich beispielsweise die Zwickauer-Zelle gründen, die aufgrund
rassistischer Ideologien über zwanzig Morde an Menschen anderer ethnischer
Herkunft begangen haben, obwohl diese teilweise deutsche Staatsbürger und
bestens integriert waren. Gäbe es keine Fortexistenz des Faschismus, würden
rechte Parteien und Zellen nicht mehr existieren.
Gegen die These der Aktualität spricht allerdings, dass damals kurz nach dem
Krieg, wo fast jede Person irgendwie etwas mit dem Nationalsozialismus am Hut
hatte, dieses Gedankengut fest in den Köpfen der Menschen verankert war,

während heutzutage nur noch ein minimaler Bestandteil der Bevölkerung sich in der rechten Szene engagiert oder dieses Gedankengut verfolgt.

Nachdem ich mich mit dem Aspekt des Faschismus auseinandergesetzt habe, befasse ich mich nun mit dem Aspekt der Figurenkonstellation. Für die Aktualität des Romans spricht hier, dass sehr vieles, was die Charaktere in diesem Roman betrifft, auch auf die Personen heutzutage zutrifft.

Da haben wir einmal Heinz, der ohne seinen Vater aufwachsen muss, da dieser während des Russlandfeldzuges fiel. Nun hat seine Mutter mit Washington Price einen neuen Mann gefunden, mit dem sie schwanger ist und mit dem sie beschließt, eine Familie zu gründen.

Zwar fallen die Väter der Kinder heutzutage nicht mehr in Kriegen, allerdings sind viele Jugendliche, aber auch Kleinkinder, in der selben Situation wie Heinz, da sich ihre Eltern trennen und eventuell neue Liebhaber finden und mit diesen Kinder bekommen. Heinz' Familie ist praktisch der Vorreiter einer modernen „Patchwork-Family". Auch bei Emilia gibt es Parallelen zur heutigen Zeit, denn wie oft passiert es nicht, dass Töchter reicher Eltern es nicht schaffen, auf eigenen Beinen zu stehen und hinterher, nachdem sie ihr ganzes Geld verprasst haben, ohne Besitz auf der Straße stehen.

Gegen die Aktualität bei diesem Aspekt steht allerdings Philipp, der scheinbar unter der Sprachskepsis leider, von der Hugo von Hofmannsthal 1901 berichtete, da Philipp seine Profession als Schriftsteller vorübergehend aufgab um für eine Zeitung zu berichten.

Des Weiteren wird man heutzutage nicht mehr von der Bevölkerung missachtet, wenn man ein uneheliches Kind mit einem Mann anders stämmiger Herkunft bekommt, weswegen Carla im Roman nicht nur von ihrer Mutter gerügt wird, die sich dafür schämt, sich mit ihr in der Öffentlichkeit zu treffen.

Der nächste von mir behandelte Aspekt ist die von Koeppen verwendete Technik beim Verfassen des Romans.

So verwendet er beispielsweise die Montagetechnik, die damals hochmodern war und es heute auch noch ist, beispielsweise in dem oben angesprochenen Buch „Deutschlandbesuch", aber auch im Romanen bekannter Schriftsteller wie Ken Follett (Säulen der Erde, Tore der Welt, Spur der Füchse). Zwar ist die Isolation der Charaktere dort nicht so stark ausgeprägt wie bei Koeppen, die Verwendung zeigt aber, dass die Technik auch noch heute modern ist. Dies trifft auch auf die besondere Art der Personenrede bei „Tauben im Gras" zu, aber auch auf den Erzähler. Vogt spricht in seinem Aufsatz von einer anschaulichen, filmischen Schnitttechnik. In modernen Filmen, die auch auf Montagetechniken zurückgreifen, ist die Art der Schnitte und der Isolation nicht viel anders, beispielsweise im Film „Alle lieben Lucy" mit Monica Potter oder im Film „Sexgeflüster" mit Zoé Saldana und Mila Kunis. Ein weiteres Merkmal, das auf die Aktualität schließen lässt. Allerdings ist es nicht mehr unbedingt zeitgemäß, so viele verschiedene Metaphern zu verwenden und diese miteinander zu verketten, wie es bei „Tauben im Gras" der Fall ist. Als Beispiel lässt sich hier der „Musikkoffer" von Odysseus Cotton verwenden, der eine metaphorische Verbindung zu den USA herstellt. Aber auch Literaturzitate kommen zuhauf vor, die man in Büchern heutzutage nicht mehr unbedingt bringen würde. Auf Seite 50, wo die US-amerikanischen Lehrerinnen das erste Mal auftauchen und Verlinkungen mit Ernest Hemmingway anstellen, der zwar auch in den Goldenen Zwanzigern gelebt hat, mit der Nachkriegszeit aber gar nichts zu tun hat, kommt heutzutage nicht mehr vor. Und auch der Vergleich Emilias mit der Iphigenie auf Tauris zwischen Seite 33 und 36 ist unmodern.

Als letzten Aspekt erörtere ich die Gegenwartsliteratur. Vogt geht davon aus, dass „Tauben im Gras" seinerzeit unbeliebt war, weil es die prekäre politische und auch wirtschaftliche Situation zum Ausdruck bringt, die damals herrschte. Gegenwartsliteratur ist heutzutage moderner als sie es je war, denn ein Großteil der Bevölkerung schaut sich „Seifenopern" wie „Gute Zeiten, schlechte Zeiten" oder „Mitten im Leben" an, allerdings freuen sie sich, wenn sie den „letzten Pöbel" sehen können, mit dem sie sich identifizieren, was damals nicht der Fall war, weil die Menschen von etwas unterhalten werden wollten, was nicht ihre Alltagssorgen wieder spiegelte. Auch das Medium der Gegenwartsliteratur hat sich geändert, vom

Buch auf den Bildschirm.

Alles in allem komme ich nach Abwägung der Erörterungsergebnisse zu dem Entschluss, dass es sich bei „Tauben im Gras" auch in der heutigen Zeit um ein aktuelles Werk handelt. Zu diesem Entschluss komme ich, da die Fortexistenz des Faschismus, so wie sie in dem Buch beschrieben ist, zum Teil auch noch bis heute andauert, wenn auch nicht mehr so stark.

Trotzdem ist es nicht schön, wenn trotz unserer Geschichte in den Landtagen Parteien wie die NPD vertreten sind oder Organisationen wie die Zwickauer-Zelle operieren können.

Auch der Aspekt der Charaktere bestätigt mich in der Ansicht, dass der Roman aktuell ist. Patchworkfamilien sind heute alles andere als eine Seltenheit und stellen die Situation für Heinz in der damaligen Zeit dar, auch wenn die Werte sich in der heutigen Zeit um ein Vielfaches verändert haben. Aber auch Emilia, die das ganze Vermögen verloren hat und deshalb ihr Eigentum verkaufen muss, weist Ähnlichkeiten zu Leuten auf, die heute wegen der Wirtschaft die Arbeit verloren und vor dem existenziellen Aus stehen.

Die Technik des Romans stellte sich als überwiegend modern heraus. Auch heute noch gibt es Bücher, aber auch Filme, die sich der selbigen Technik erfreuen und auch die Gegenwartsanalyse oder -literatur, die heute allerdings eine andere Plattform gefunden hat und auf andere Reaktionen als „Tauben im Gras" seinerzeit stößt, bekräftigen die These, dass Koeppens Roman auch heute noch aktuell ist. Die Zweifel, die es an dieser These sicherlich auch gibt, sind meiner Ansicht nach nicht aussagekräftig genug. Dass es heute, auch wenn um einiges weniger als damals, Faschismus gibt, ist schlimm genug und auch Philipp und die Literaturzitate lösen keine zu großen Zweifel aus. So kann man sagen, dass „Tauben im Gras" aktuell ist.

Literaturverzeichnis

- Jochen Vogt in: Hansers Sozialgeschichte der deutschen Literatur vom 16. Jahrhundert bis zur Gegenwart Band 10, Hanser Verlag, München 1986
- Koeppen, Wolfgang: Tauben im Gras, Suhrkamp Verlag, 38. Auflage 1974
- Buggert, Christoph: Deutschlandbesuch, Reclam Verlag, Leipzig 2006